Attention !

ÉLECTEURS DE LA IIe SÉRIE,

SUR LES CHOIX

QUE VOUS ÊTES APPELÉS A FAIRE.

PAR M. GAUTIER (DU VAR),

EX-MEMBRE DU CONSEIL DES CINQ CENTS.

Prix, 1 fr., et 1 fr. 25 c. franc de port.

A PARIS,

CHEZ PILLET AINÉ, IMPRIMEUR-LIBRAIRE,

ÉDITEUR DE LA COLLECTION DES MŒURS FRANÇAISES,

RUE CHRISTINE, N° 5;

ET CHEZ LES MARCHANDS DE NOUVEAUTÉS.

———

Octobre 1822.

LETTRE

DE L'AUTEUR

AUX ÉLECTEURS QUI RÊVENT ENCORE RÉPUBLIQUE.

———

J'AI marché dans vos rangs; vous allez m'appeler apostat. Oui....., presque à l'époque où je venais de terminer mes études, la révolution éclata en France; j'avouerai avec franchise que, plein des idées que m'avait inspirées le séduisant tableau des républiques anciennes, je crus à la possibilité d'un semblable mode de gouvernement pour ma patrie. L'expérience m'a convaincu de mon erreur. Appelé à siéger dans le conseil des cinq cents, j'y vis aux prises ensemble toutes les passions déchaînées. Malgré cette lutte scandaleuse qui fut toujours l'effroi des amis de l'ordre, je conservais encore un fatal bandeau sur mes yeux, lorsque Bonaparte s'empara du pouvoir. Il me fit descendre de la chaise curule, et, depuis ce moment, rendu à moi-même, je me suis livré à de plus saines méditations, et j'ai vu disparaître toutes les illusions qui m'avaient entraîné; j'ai reconnu qu'au lieu d'avoir défendu la cause de la liberté, je n'avais servi que celle de l'anarchie et de l'arbitraire, dont le résultat nous avait amené tout l'odieux du despotisme militaire, la renaissance de vingt bastilles, où les satrapes du tyran envoyaient, sans jugement préalable, les hommes qui osaient déplaire soit à lui, soit même à ses agens. Je voyais moissonner génération sur génération, et tant de victimes n'étaient sacrifiées que pour satisfaire l'ambition d'un seul homme..... Je voyais tous les jours conduire dans les fers celui qui cherchait à se soustraire à la mort, et préférait mener une vie errante à aller se faire tuer pour placer sur des trônes les frères ou les partisans d'un homme qui se faisait appeler, par ses adulateurs, *l'homme du destin.* Au milieu de ce chaos destructeur, je pensais au passé, et je me disais souvent : où est l'auguste famille qui nous avait gouvernés pendant des siècles ? Cette famille est éminemment française, elle aime sa patrie, et le bonheur ne pourra renaître pour la France que lorsqu'elle nous le ramènera. J'étais livré à ces réflexions, qui me faisaient maudire les erreurs politiques de ma jeunesse, lorsque la Providence exauça mes vœux en rendant à la France le Roi et les Bourbons. Depuis ce moment heureux, j'ai vu renaître insensiblement cette vraie liberté que je n'avais aperçue jusqu'alors qu'en imagination ; je la reconnais aujourd'hui appuyée sur la justice et l'exécution des lois; le règne de l'arbitraire a disparu. Voilà la véritable situation des choses ; c'est l'erreur dans laquelle on cherche à vous entraîner qui m'a déterminé à vous faire connaître les hommes qui parlent sans cesse de la liberté et n'en veulent pas.

Depuis la restauration, j'ai voué au Roi et à son auguste famille un attachement sans bornes; il est basé sur la reconnaissance des bienfaits que le monarque ne cesse de répandre sur mon heureuse patrie; c'est son cœur paternel qui la fait jouir d'un bonheur qu'elle n'avait connu jusqu'alors qu'idéalement. J'ai consacré mes faibles talens au soutien de la cause de la légitimité ; je me suis convaincu qu'elle seule pouvait arrêter les commotions qu'entraînent toujours avec eux tous les autres gouvernemens qui ne reposent point sur cette garantie.

Habitans du Var ! si ma voix vous fit entendre jadis un autre langage, persua-dez-vous bien que je prêchais alors l'hé-résie, et que je parle aujourd'hui celui de la véritable orthodoxie. J'ai abjuré sincèrement mes erreurs ; si parmi vous il est encore quelques hommes qui puis-sent être partisans des gouvernemens usurpateurs, de quelque nature qu'ils soient, qu'ils suivent mon exemple, et qu'ils aient, comme moi, en horreur tous les prédicateurs de ces maximes pernicieuses qui nous replongeraient dans l'abîme des révolutions.

J'ai déjà fait, dans un autre ouvrage, une semblable profession de foi ; je crois ne pouvoir trop la répéter. Electeurs auxquels je m'adresse, lisez cet opus-cule; mettez dans cette lecture autant

de bonne foi que j'en ai mis à le com-
poser, et vous reconnaîtrez qui, de moi
ou de ceux qui propagent des principes
contraires aux miens, veulent le bonheur de leur pays.

Attention !

ÉLECTEURS DE LA IIe SÉRIE,

SUR LES CHOIX

QUE VOUS ÊTES APPELÉS A FAIRE.

CE furent les résultats des élections précé-
dentes, des deuxième et troisième séries,
qui ouvrirent les yeux sur les dangers de la
loi du 5 février ; ce sera leur renouvellement,
qui s'effectuera aux prochaines élections et
à celles qui suivront. Je vais essayer de démontrer aux électeurs des départemens de
ces deux séries, l'aveuglement dans lequel
certains d'entre eux se laissèrent entraîner
aux époques où, pour la première fois, ils
usèrent du droit d'élire qui leur était con-
féré par la charte.

Que veulent tous les Français dignes de ce nom? l'affermissement de la monarchie légitime et constitutionnelle, c'est-à-dire, la stabilité de la monarchie reposant sur les bases fixées par la Charte, sage émanation du pouvoir légitime ; ainsi, appeler, pour siéger dans la Chambre des députés, des hommes qui ne reconnaissent pas le pouvoir dont émane ce pacte, c'est élire des hommes qui ne veulent pas de la forme de gouvernement qu'il a établie. Disputer au Roi le droit qu'il a eu de donner la constitution, c'est nier l'existence de la constitution elle-même; car une loi qui n'est pas faite par le pouvoir qui avait droit de la faire est radicalement nulle. Un jugement rendu par une cour qui n'est pas compétente est aussi frappé de nullité. Si ce que je viens d'avancer ne peut être révoqué en doute, on doit, à plus forte raison, le dire de la loi fondamentale, de celle dont dérivent toutes les autres lois.

Que demande toute la France? Le repos et la tranquillité, ayant pour appui la force des lois et leur stricte exécution. Nommer à la Chambre des députés des hommes qui, au lieu de se prononcer contre la révolte, la préconisent et en font à peu près le plus saint des devoirs ; y nommer des hommes qui, par leurs discours, non-seulement ne donnent pas de la force aux magistrats pour exécuter les lois rendues , mais encore cherchent à déconsidérer ces lois, c'est nommer des hommes ennemis du repos et de la tranquillité , biens si précieux pour tout bon Français.

Que veut le véritable ami de la Charte ? il en veut l'exécution dans l'intérêt du trône et des libertés concédées ; il veut donner au trône la force nécessaire pour faire exécuter les lois ; il veut le parfait équilibre dans les pouvoirs ; il est épouvanté lorsque l'un d'eux veut empiéter sur celui des deux autres. Envoyer à la Chambre des députés des hommes qui, par de fausses interprétations de la Charte, veulent reporter tous les pouvoirs dans cette Chambre ; des hommes qui, par des argumens captieux, paralysent continuellement la marche du gouvernement, cherchent à le rendre en horreur à la France, c'est faire des choix dangereux pour la Charte elle-même.

Les droits publics des Français, ou les

libertés consacrées par la Charte sont : 1° *l'é-galité de tous les Français devant la loi, quels que soient d'ailleurs leurs titres et leurs rangs.*

On doit rendre la justice aux cours royales, aux tribunaux, et à tous les fonctionnaires publics, de dire qu'ils exécutent ponctuellement le premier article de la Charte.

2°. *Ils contribuent indistinctement, dans la proportion de leur fortune, aux charges de l'État.*

On n'a pas osé, jusqu'à ce jour, élever aucune réclamation à cet égard.

3°. *Ils sont tous également admissibles aux emplois civils et militaires.*

Il s'est élevé quelques réclamations sur la stricte exécution de cet article ; que l'on soit de bonne foi, et l'on conviendra qu'elles sont injustes. Il est vrai que l'on voit figurer, parmi les personnes auxquelles on donne des emplois, des noms précédés de la particule *de*. On accuse dans ce moment le ministère d'une préférence marquée pour placer les hommes dont le nom est précédé de cette particule ; mais il n'y a pas long-tems qu'on accusait les ministres de la considérer comme un titre d'exclusion. Je veux bien croire que l'on n'était pas plus juste à cette époque qu'aujourd'hui ; mais supposons qu'il y a eu un moment moins de prédilection en faveur d'une classe qui a tout perdu , il est tout naturel que , pour établir un juste équilibre , le gouvernement actuel répare les oublis de quelques anciens ministres. La vérité est qu'aujourd'hui on n'exige plus de preuves de noblesse pour arriver aux emplois , et que tous les Français peuvent y parvenir (1).

4°. *Leur liberté individuelle est également garantie , personne ne pouvant être poursuivi ni arrêté que dans les cas prévus par la loi, et dans la forme qu'elle prescrit.*

La situation de la France, depuis le retour du monarque, a pu rendre les lois sur la liberté individuelle quelquefois restrictives et

____

(1) Au moment où je trace ces lignes , vient de paraître l'ordonnance sur l'organisation des intendans et sous-intendans militaires ; en la parcourant, je me suis convaincu que les anciens noms n'étaient point privilégiés, et qu'en général le mérite, le dévouement, la fidélité au Roi, et les services rendus à l'Etat , étaient les seuls priviléges qui avaient dicté les choix.

même arbitraires : des circonstances impérieuses établissaient la nécessité de cette mesure exceptionnelle ; mais aujourd'hui, le gouvernement a renoncé à l'arbitraire, et l'on ne peut plus être arrêté que conformément à l'exécution des lois sur la matière. On est, me dira-t-on, gêné par l'exécution de celle existante sur les passeports. Si ceux qui crient contre les prétendues entraves que cette mesure apporte au commerce voulaient ne pas se laisser guider par l'esprit de passion, ils reconnaîtraient la nécessité de cette précaution, qui est la même pour tout le monde. Les membres des chambres eux-mêmes ne peuvent voyager avec sécurité sans un passeport qui leur est délivré par la questure, et visé par le président et les secrétaires. Lorsque les premières autorités, lorsque celles qui font les lois se conforment à une mesure jugée nécessaire au maintien du bon ordre, comment pourrait-elle exciter les réclamations des bons citoyens? D'ailleurs, l'exécution de la loi sur les passeports n'est oppressive pour personne en particulier ; il n'y a donc que la malveillance qui puisse s'en plaindre : elle est gênante pour les perturbateurs, mais elle est dans l'intérêt général, et devant ce grand mobile tout intérêt particulier doit disparaître.

Je sais que les amis du désordre redoutent cette haute police, qui est fort incommode pour les conspirateurs ; j'abandonne à ceux-ci le droit de se plaindre de sa surveillance, mais je demande si, en général, elle empêche de s'expliquer avec franchise, et souvent avec la plus grande injustice, sur les actes de l'autorité, et d'attaquer avec véhémence ses agens les plus irréprochables. Je demande si cette police secrète empêche de parler avec peu de respect de la religion, du Roi, en un mot de ce qu'il y a de plus sacré au monde.

Avant la révolution, on ne conspirait pas, et la maréchaussée n'était redoutable que pour les fripons ; les honnêtes gens ne la voyaient jamais qu'avec plaisir, et si l'on avait quelquefois à se plaindre, c'était de ne pas la voir assez souvent faire ses tournées. Son institution est la même qu'à cette époque ; comment peut-il se faire qu'on ait osé assurer du haut de la tribune qu'elle était presque en horreur au peuple ! Voilà comme du haut de cette même tribune on fait penser et parler le peuple. Oui , la gendarmerie est , et sera toujours l'effroi des conspirateurs et des fripons ; mais les bons Français de tous les tems l'ont vue et la verront toujours avec plaisir..... C'est ainsi que certains hommes, que l'influence révolutionnaire a fait arriver à la Chambre , abusent du droit de tout dire, de tout dénigrer ; c'est ainsi que, couverts du manteau de l'inviolabilité, ils calomnient la saine partie de la nation , en lui faisant dire ce qu'elle ne pense pas. Ces hommes ne vous étaient pas connus ; et vous , électeurs, bons Français , vous avez pu vous laisser abuser sur leur compte ; mais s'ils osaient aujourd'hui se représenter à la candidature, repoussez-les ; vous prouverez par là que vous aimez les *Bourbons* et la Charte, dont ces hommes se font un manteau qu'ils mettraient bientôt en lambeaux , si jamais ils se trouvaient en majorité.

5°. *Chacun professe sa religion avec une égale liberté et obtient pour son culte la même protection.*

6°. *Cependant la religion Catholique, Apostolique et Romaine est la religion de l'Etat.*

7°. *Les ministres de la religion Catholique, Apostolique et Romaine, et ceux des autres cultes chrétiens, reçoivent des traitemens du trésor royal.*

Ces trois articles de la Charte sont ceux qui ont rapport à ce qui est du domaine de la religion.

Les révolutionnaires savent bien que c'est un puissant levier que celui de la religion; aussi s'en servent-ils pour exciter les passions. Le gouvernement veut-il dans sa sagesse faire reprendre à la religion son empire salutaire, celui qu'elle a perdu depuis trente ans ? veut-il la faire considérer comme la base fondamentale de l'ordre social? veut-il qu'elle soit la régulatrice de l'enseignement public? veut-il faire admirer ce qu'il y a de plus merveilleux et de plus consolant pour la civilisation des hommes? alors les amis du désordre s'écrient avec violence que c'est le fanatisme qui ressaisit son empire ; ils veulent persuader aux esprits timides que la nation sera bien-

tôt courbée sous le joug des prêtres. Ils savent bien que le Français s'indigne à la seule
idée qui lui rappelle la honte de la servitude ;
aussi est-ce le moyen qu'ils emploient avec
le plus de perfidie. Enfin, pour frapper le
coup décisif, ils osent calomnier les intentions les plus pures, et veulent assurer qu'on
verra bientôt reparaître la dîme. Par ce
mensonge grossier, ils cherchent à vous entraîner, électeurs des campagnes! Ils vous
trompent! Ni le gouvernement, ni les ministres de la religion catholique ne pensent
au rétablissement de la dîme. La Charte en
a consacré l'abolition ; en disant que les ministres de la religion de l'Etat recevraient
leur traitement du trésor royal. Soyez convaincus que le Roi ayant promis, son gouvernement et la majorité des Chambres
maintiendront la stricte exécution de cette
promesse solennelle.

Un autre moyen employé par les hommes
révolutionnaires est celui de mettre en opposition, sous le rapport politique, les religions entre elles. Quoiqu'ils se disent amis
de la Charte, ils ont pris pour prétexte l'article qui déclare que la religion catholique

est celle de l'Etat. Cette suprématie toute naturelle, puisque le catholicisme est professé par l'immense majorité des Français, est présentée, dans leur sens, comme une tendance à l'exclusion des autres religions. Par cette perfide insinuation, ils sont parvenus à entraîner à eux une partie de ceux qui pratiquent les autres cultes ; et les départemens ou les arrondissemens dans lesquels il existe beaucoup d'électeurs protestans, sont ceux où ils annoncent hautement qu'ils auront un succès qui répondra à celui qu'ils eurent aux élections de 1818. Oui, électeurs protestans du Gard, de la Vendée et des autres départemens de la France, ils comptent sur vous ! Ils assurent qu'ils parviendront encore à vous faire nommer des hommes qui ne vous sont connus que par leur peu d'amour pour les *Bourbons* et pour la *Charte*, car je ne peux séparer le bienfait du bienfaiteur ; et celui qui a osé supposer que la France avait vu avec *répugnance* le monarque et son auguste famille, cet homme qui fut imposé au département de la Vendée par la faction, ose, dit-on, encore espérer avoir vos suffrages ! lui et

2

ses semblables se flattent que leur prétendu amour pour la Charte et pour la liberté vous séduiront ! Ils ont reproché à un ministre son opinion sur la forme de gouvernement à donner à la France. Cette opinion était antérieure à la Charte, et tout Français avait, à cette époque, le droit de publier sa pensée sur ce sujet. Comment fut-il possible qu'un semblable reproche sortît de la bouche de certains hommes qui ont matériellement prouvé que la constitution actuelle n'était pas celle de leur choix? La correspondance d'un de leurs chefs, (M. *de Lafayette*), la constitution présentée dans les cent jours à la Chambre de cette époque désastreuse, par l'autre (M. *Manuel*), ne sont-ils pas contre eux des témoins irréfragables? Leur cri de ralliement est *vive la Charte!* en 1792, le cri de ralliement des révolutionnaires était : *vive la constitution de 1791!* On a vu ce qu'ils ont fait de cette constitution. Si les révolutionnaires d'aujourd'hui l'emportaient sur les amis du trône, on verrait ce qu'ils feraient de cette Charte qu'ils invoquent aujourd'hui comme leur *palladium.*

8°. *Les Français ont le droit de publier, de faire imprimer leurs opinions, en se conformant aux lois qui doivent réprimer les abus de cette liberté.*

Me voilà arrivé à l'article sur lequel j'entends certains de mes lecteurs s'écrier : Nous allons voir comment cet homme qui trouve tout bien, qui voit tout dans l'ordre, va nous prouver que la Charte reçoit encore son exécution. Oui, messieurs, je le prouverai à vous et même aux membres de la Chambre des députés qui n'ont pas voté, soi-disant *par respect pour la Charte*, la dernière loi qui régit la matière. Je dirai d'abord, à ces derniers, que, *par respect pour la Charte*, ils ont manqué essentiellement au premier devoir de député, celui de voter les lois ; je leur dirai que leur stricte obligation est de voter les lois lorsqu'ils sont présens ; qu'en ne la remplissant pas, ils enfreignent le mandat tacite qui leur a été donné.

Cet article impose aux écrivains l'obligation de *se conformer aux lois qui doivent réprimer les abus de cette liberté*. Ainsi, par ces termes, la Charte a déclaré qu'il y aurait des lois de répression. Le gouvernement devait donc en présenter, et les Chambres devaient les discuter, les adopter, ou les rejeter, si elles ne les trouvaient pas bonnes. Le gouvernement a fait son devoir en présentant ces lois; les Chambres les ont adoptées; ainsi, le pouvoir législatif a obéi à la concession royale. Mais, me diront ceux dont je viens de parler, ces lois sont restrictives de la liberté de la presse. Je leur répondrai qu'elles ne restreignent que la licence de la presse; qu'elles punissent les écrivains qui cherchent à troubler la société, ceux qui prêchent des doctrines subversives de l'ordre social, ceux qui, à l'aide de ces mêmes doctrines, entraînent dans les rangs de la révolte, l'homme sans expérience, l'adolescent qui à peine sorti des bancs de l'école, séduit par ces faux principes, oublie qu'il existe une religion qui doit être respectée, un Roi qui mérite tout leur amour, toute leur vénération, une Charte qu'il a donnée, et des lois que l'on ne peut enfreindre sans s'exposer à leur sévère animadversion.

Je viens de prouver que les doctrines pernicieuses de certains écrivains et de quelques orateurs entraînaient à la révolte l'homme sans expérience, et l'exposaient à monter sur l'échafaud. En écrivant ces mots, j'avais présent à ma pensée les lettres de cette jeune et intéressante épouse (madame *Fradin*), qui tout récemment vient de leur dire, à la face de l'univers : « Mon mari, à peine âgé de vingt-cinq ans, né de parens royalistes, aimait son Roi, lui était fidèle ; ce sont les doctrines que vous prêchez, qui lui ont fait oublier ses devoirs, qui l'ont rendu criminel !... (1) » Si les condamnés dans les révoltes *d'août*, de *Saumur*, de *Colmar*, de la *Rochelle*, de *Poitiers*, etc., tenaient un semblable langage, qui est celui de la vérité, quelles réflexions ne devrait-il pas inspirer aux orateurs et aux écrivains auxquels s'adressaient les reproches de madame *Fradin !* S'ils persistent dans leur délire révolutionnaire, les lois qui les atteindront seront des lois justement appliquées.

---

(1) La clémence royale a exaucé les vœux de cette épouse désolée ; puisse ce jeune homme se rappeler toute sa vie cet acte magnanime du monarque, revenir aux principes conservateurs de l'ordre, et avoir en horreur ceux que son inexpérience lui avait fait adopter.

Parmi les hommes que madame *Fradin*
accusait, il s'en trouvera qui chercheront à
capter vos suffrages, électeurs de la deuxième
série; réunissez-vous pour les repousser sans
ménagement.

Mais, me répondra-t-on, le gouvernement s'est réservé, dans certaines occasions,
la censure des journaux, et ils peuvent être
supprimés par un jugement. La nécessité a
commandé la ressource de la censure dans les
cas où le remède au mal produit par la
presse serait urgent à employer. Cette peine
sera infligée par le conseil des ministres,
au lieu d'être prononcée par les tribunaux;
elle deviendra un bienfait salutaire, si elle
peut garantir l'écrivain de punitions plus
graves. Je sais que l'on me dira que le droit
de censure n'est pas octroyé par la Charte.
Oui, sans doute; mais il survient des circonstances fâcheuses, où la conservation des em-
pires veut des mesures extraordinaires; c'est
pour ces momens critiques que le gouvernement en a demandé constitutionnelle-
ment le droit; espérons que les occasions
où il sera forcé d'en faire usage seront rares.

Quant à la peine de la suppression d'un

journal, je conviens que cette punition est ri-
goureuse ; qu'elle peut être très-préjudiciable
aux actionnaires qui ont fourni les premières mises de fonds pour l'établissement du
journal ; mais c'est à eux à en surveiller la
rédaction. Il est malheureusement trop vrai
de dire que c'est pour augmenter les béné-
fices, qu'un journal prend une couleur hostile contre le gouvernement ; il est donc juste
de le punir par le moyen le plus sensible,
celui qui frappe les hommes qui ont formé
une association devenue dangereuse pour le
maintien de la tranquillité et du repos public. Ce sera punir les actionnaires de la
peine du talion ; de plus, cette suppression
ne peut-être ordonnée que dans le cas de
double récidive.

C'est donc avec la plus grande injustice
que l'on ose avancer que les lois sur la liberté de la presse sont contraires à l'esprit
de la Charte ; ce sera pourtant un des moyens
que l'on cherchera à employer pour capter
les suffrages des électeurs en faveur de certains hommes qui sont les ennemis de la
Charte, et qui pourtant veulent faire ac-

croire qu'ils en sont les défenseurs les plus zélés.

9°. *Toutes les propriétés sont inviolables, sans aucune exception de celles qu'on appelle nationales, la loi ne mettant aucune différence entre elles.*

Depuis le retour du monarque, son conseil, qui est juge dans cette partie, a mis dans les arrêts qu'il a prononcés, une circonspection digne des hommes qui le composent; en cela il a obéi à la Charte. Cette sagesse n'a pas empêché des détenteurs de parties de biens qu'ils n'avaient pas acquises, de répandre l'alarme, et de publier qu'on en voulait à leurs propriétés. La Charte les a confondues avec les autres propriétés; le gouvernement a respecté cet arrêt irrévocable, et les possesseurs de ces biens ont semblé vouloir faire bande à part, et réunir leurs suffrages sur les hommes qui se sont montrés hostiles envers le gouvernement. Pourquoi ont-ils agi ainsi ? C'est qu'on cherche à les tromper, non-seulement sur les intentions du gouvernement, mais encore sur celles des anciens possesseurs de ces biens. ceux-ci peuvent bien se croire malheureux et désirer une indemnité qui serait dans l'intérêt général, et plus particulièrement dans celui des possesseurs actuels de ces biens ; mais là se bornent tous leurs désirs, au moins ceux que l'on peut leur supposer. Pourquoi les propriétaires actuels de ces biens semblent-ils faire cause commune ? C'est une faute grave qu'ils commettent ; s'ils connaissaient bien leurs intérêts, ils seraient contens de leur position, ils ne porteraient point un regard en arrière, et encore moins manifesteraient-ils des désirs sur l'avenir. Tout changement qui pourrait survenir leur serait nuisible, et ils doivent être aussi amis de la tranquillité et du repos que tout autre propriétaire foncier, surtout lorsqu'ils se convaincront bien que la Charte les a rendus possesseurs incommutables des domaines qu'ils ont acquis. Pour lors ils sentiront que les ennemis de la Charte sont les leurs particuliers, et ces hommes sont ceux que je viens de leur désigner jusqu'à l'évidence.

Je viens de prouver aux possesseurs de biens nationaux que les bouleversemens leur seraient aussi funestes qu'à tout autre propriétaire. S'ils jettent un regard sur le passé, ils verront *Bonaparte* enjoignant à son ministre des finances de faire préparer dans ses bureaux un travail pour mettre une surtaxe sur les propriétés dites nationales. Ce que voulait faire l'usurpateur, le roi légitime ne le fera pas, et l'article précité prouve la pureté des intentions du monarque. Les anciens propriétaires ont toujours su se résigner à la volonté royale. Ils doivent dans ce cas, plus que dans tout autre, sentir la nécessité du sacrifice qui leur est imposé ; mais aussi la France doit leur en savoir gré, et sentir qu'il serait juste d'indemniser des hommes qui ont tout perdu pour avoir donné des preuves de leur attachement et de leur dévouement à la cause qui seule peut faire son bonheur. Je répéterai que c'est non-seulement dans l'intérêt des personnes dépossédées que je réclame cet acte de justice, mais encore dans celui des possesseurs actuels, et, j'oserai dire, dans celui de la France entière. Je sais que le jour où la position de nos finances permettra au gouvernement d'en faire la proposition, elle sera vivement combattue par les hommes que j'ai désignés comme ennemis du trône et de la Charte. Pourquoi repousseront-ils cette proposition ? C'est que son adoption ferait disparaître un des brandons de discorde qui est mis en usage avec le plus de succès par les perturbateurs du repos public, et que cette mesure ôterait à certains orateurs de tribune le moyen odieux de venir répandre l'alarme parmi les possesseurs de biens nationaux. Ces hommes savent bien le peu de fondement de leurs réclamations ; on leur en prouve sur le champ la fausseté : mais ils ont excité les passions, ils ont rempli leur objet, les démentis qui leur sont donnés ne leur font rien.

Electeurs! possesseurs de propriétés dites nationales, ne vous laissez plus abuser par les dehors trompeurs de certains hommes ; entendez ma voix, et consultez vos intérêts ! Ils vous diront de repousser les perfides insinuations de ces hommes ennemis de leur pays : liez-vous avec le trône et la légitimité, et repoussez les candidats qui ont toujours voulu vous induire en erreur sur votre véritable position ! Persuadez-vous bien qu'elle est inséparable de l'affermissement de notre ordre politique, dont les bases sont la légitimité. Eloignez de vos choix ses ennemis ; soyez intimement convaincus qu'ils sont aussi les vôtres.

10°. *L'Etat peut exiger le sacrifice d'une propriété pour cause d'intérêt public légalement constaté, mais avec une indemnité préalable.*

L'exécution de cet article a encore été le sujet de quelques clabauderies dont certains journaux et même la tribune se sont rendus les échos (1). On a connu la vérité, et les ennemis de la chose publique n'ont eu qu'à rougir de leurs assertions mensongères ; mais il y a des hommes qui ne rougissent pas, qui veulent amener le trouble, et qui saisissent toutes les occasions pour le fomenter. Ce sont ceux-là que je ne cesserai de démasquer, et que j'engage les électeurs amis de leurs pays de ne pas porter de nouveau à l'élection : qu'ils soient certains que, sous l'apparence captieuse de prendre un vif intérêt pour l'exécution des libertés consacrées par la Charte, ils en

------

(1) On doit se rappeler la chaumière de *Clichi.*

sont les ennemis cachés ; ou ils sont bien aveugles sur les moyens qu'ils emploient, puisque ces moyens tendent tous à les détruire, bien loin de tendre à les affermir. Où il faudrait accord et union, ils ne prêchent que trouble et désordre.

11. *Toutes recherches des opinions et votes émis jusqu'à la restauration sont interdites. Le même oubli est commandé aux tribunaux et aux citoyens.*

Voilà la preuve de toute la sollicitude du fondateur de la Charte pour rétablir la bonne harmonie entre le présent et le passé. Je n'ai pas connaissance qu'aucune affaire qui ait rapport à cet article ait donné lieu à des débats judicaires. Ceux qui ont lu ma lettre en tête de cet opuscule, doivent penser qu'autant que beaucoup d'autres je désire sincèrement cet oubli. J'ai droit de le réclamer par mon amour sans bornes pour mon roi, pour son auguste famille, et par mon inviolable attachement à la monarchie légitime, devenue constitutionnelle depuis la concession de la Charte ; mais je dirai franchement qu'il est impossible d'écrire l'histoire du siècle passé, le commencement de celui-ci, et d'exécuter avec rigueur ce que nous commande la loi fondamentale. Les écrivains et les orateurs du parti que je combats, en exaltant sans cesse les prétendus principes fondamentaux de la révolution, et en persistant avec une espèce d'acharnement dans ces mêmes principes, forcent souvent les écrivains et les orateurs d'une opinion contraire à en rappeler les funestes résultats, et ils ne peuvent mettre en oubli les opinions et les votes de quelques-uns de ceux auxquels ils répondent.

12. *La conscription est abolie ; le mode de recrutement de l'armée de terre et de mer est déterminé par une loi.*

Cet article est le dernier de ceux qui établissent les droits publics des Français. La loi qu'il ordonne de faire est rendue et mise à exécution. Ce n'est pas le moment de discuter si le mode de recrutement de l'armée qu'elle consacre ne ressemble pas à une conscription ; mais il paraît qu'il n'y avait pas d'autres moyens de recruter l'armée, puisque cette loi existe. Ce que je peux dire, c'est que la discussion de cette loi a prouvé, dans la Chambre des députés, que la partie de cette chambre qui forme aujourd'hui la majorité voulait franchement l'exécution de la Charte; car elle s'est appuyée de cet article des droits publics des Français pour combattre cette loi, qui fut fortement appuyée par ceux qui se disent les amis exclusifs de la Charte. Ce n'est pourtant point sur l'opinion qu'ils émirent à cette époque que je veux établir la preuve de leur peu d'amour pour la Charte, c'est sur les autres faits que j'ai cités. J'ajouterai que celui qui s'est presque déclaré le défenseur de *Berton*, ou qui a seulement cherché à pallier l'odieux de son crime, que ceux qui ont voulu prendre la défense de *Caron* et des autres séditieux qui ont osé arborer l'étendard de la révolte, ne peuvent être ni les amis de la Charte, ni ceux de son auguste fondateur. Ces hommes siégent sur les mêmes bancs que les *Dumolard*, les *Durbach* et consorts, qui composaient la minorité tumultueuse de 1814. Ils se disent, comme ceux-ci, les défenseurs exclusifs de la Charte; ils professent, j'ose le dire, des principes encore plus exagérés que cette minorité. On se rappelle quelle fut sa conduite à l'époque désastreuse du 20 mars; elle doit donc vous faire pressentir quelle serait la conduite des hommes que je veux démasquer , s'il se présentait un nouvel usurpateur; et si les rebelles dont j'ai parlé eussent eu malheureusement le coupable succès que certains hommes en attendaient, électeurs de la deuxième série, ils seraient connus de vous aujourd'hui, et vous ne vous réuniriez pas pour nommer des députés ; ou bien, si on vous laissait encore jouir de ce droit, ce ne serait pas en vertu de la Charte.

Comme les présomptions ne deviennent pas des certitudes pour moi, je ne prétendrai point que les hommes dont je combats les principes étaient à la tête des révoltes armées qui ont fait gémir les amis de l'ordre ; mais je dirai que si j'étais électeur et professant des opinions libérales, dans la sage acception de ce mot, je ne donnerais point mon suffrage à des hommes dont les noms ont retenti dans les tribunaux, et sur les principes desquels s'appuyaient les rebelles. Si j'avais l'honneur d'être député, je m'expliquerais avec plus d'énergie et de franchise ; mais on peut déclarer , à la honte de certaines opinions, que ce furent elles qui excitèrent à la révolte, et que ceux qui les ont émises ont commis une si grande imprudence, qu'il y aurait danger imminent pour la chose publique si on les voyait de nouveau venir siéger sur les bancs de la Chambre.

On va m'objecter peut-être que je veux un gouvernement représentatif sans opposition : on se trompe ; je veux une opposition; mais je la veux telle que la Charte semble en offrir l'idée ; je la veux raisonnante et délibérante , et non hostile et se refusant à voter par esprit de parti : que les hommes qui craignent de voir une assemblée de quatre cent trente membres sans opposition se rassurent ; il en existera toujours une. Ce que je désire , c'est qu'on ne voie pas, ou le moins possible, dans cette réunion, de ces hommes qui n'osent pas se prononcer ouvertement en faveur de la légitimité , de ces hommes qui se déclarent, au contraire, en faveur de la prétendue souveraineté du peuple. L'expérience m'a fait connaître tout le danger d'une semblable maxime. Je sais où, de conséquences en conséquences, elle peut conduire les esprits qui s'en occupent ; enfin, je la considère comme éminemment absurde et dangereuse au repos public.

Je ne peux quitter les électeurs auxquels je viens de m'adresser, sans leur présenter une dernière réflexion qui me préoccupe depuis long-tems ; c'est celle de penser que certains départemens, en choisissant des députés qui n'y sont pas propriétaires, font un acte impolitique. Les électeurs de ces départemens doivent, en outre, juger que le mal est encore plus grave pour eux, lorsqu'ils choisissent surtout des hommes entièrement étrangers au département dont, dans certains cas, ils sont appelés à soutenir les intérêts locaux. Je demanderai, par exemple, aux électeurs du département de la Vendée, de quelle utilité peut avoir été pour eux M. *Manuel*, qui, né dans les *Alpes*, n'a aucun intérêt à soutenir sur les bords de l'Océan, et ne peut connaître les besoins du département qu'il représente. M. *Manuel* a du talent ; on pourrait même le ranger au nombre des premiers orateurs de la chambre des députés, s'il abandonnait un peu plus ses habitudes du barreau, et s'il savait se résumer ; mais ses discours ne produisent aucun effet, parce que, voulant développer trop d'idées à la fois, il les embrouille et fatigue son auditoire. Un talent comme le sien n'est pourtant pas à dédaigner. Elu dans les cent jours par le département qui l'a vu naître, comment ne s'est-il pas présenté pour y être élu de nouveau. C'est une question que je me suis souvent faite ; j'en abandonne la solution à mes lecteurs ; mais je pense que s'il avait manifesté d'autres opinions, les électeurs des lieux qui l'ont vu naître s'empresseraient de lui donner leurs suffrages. Ce que je viens de dire à l'égard de M. *Manuel* pourrait s'appliquer à plusieurs autres députés entièrement étrangers aux départemens qui les ont envoyés siéger à la Chambre ; j'ai cité celui d'entre eux qui a le plus de célébrité.

J'ai cherché à convaincre certains électeurs qu'il existait en France un parti opposé aux vrais intérêts de la patrie, lequel cherchait à les tromper : j'ai cru que le moyen le plus certain était de leur prouver que le Français jouissait de l'exercice des droits publics consacrés par la Charte, autant qu'il pouvait en jouir sans que cette faculté dégénérât en licence ; c'est les avertir d'être en garde contre ceux qui continuellement leur parlent un autre langage pour les attirer dans le piége qu'ils leur tendent. Ils sont prévenus ; espérons que la voix de la vérité ne sera pas perdue pour eux.

Je vais maintenant dire un mot aux électeurs dévoués au trône et à la monarchie constitutionnelle, enfin à ceux que je crois les véritables amis de la Charte. Je dirai à ces électeurs que depuis long-tems ils ont dû reconnaître que la tactique du parti ennemi est de les diviser, que c'est surtout à l'approche des élections que, pour y parvenir, ils redoublent d'efforts. Aussi, doivent-ils s'apercevoir que depuis quelque tems ce parti répand de fausses nouvelles tendantes à amener le résultat de la désunion. Il prétend qu'elle existe déjà parmi les ministres, sur la marche à suivre. Les hommes du parti ennemi assurent que le point de dissidence est entre la force et la modération. Ils mettent à la tête de ce dernier système M. le président du conseil des ministres. Ils font de ce ministre un éloge qui serait naturel dans toute autre bouche, mais qui devient perfide dans la leur. Suivant leurs suppositions, un changement parmi les ministres deviendrait la conséquence inévitable de cette prétendue dissidence.

Electeurs royalistes! ne vous laissez point abuser, et ne formez point entre vous un parti dissident; écoutez la voix du gouvernement. Aujourd'hui vient de paraître l'ordonnance de convocation des colléges électoraux, et celle qui nomme les présidens de ces colléges (1). Elle est l'ouvrage de ministres qui jouissent à si juste titre de votre confiance ; réunissez vos voix sur ceux qu'ils semblent vous désigner ; considérez la présidence de ces colléges comme la seule influence que le

---

(1) Au moment où j'étais sur le point de terminer mon opuscule, on m'a apporté *le Moniteur* qui renferme l'ordonnance de convocation des colléges électoraux, et celle qui en nomme les présidens : en la parcourant je me suis convaincu que l'opinion royaliste n'y trouvera que des fidèles serviteurs du trône.

trône exerce sur les élections. Ne détruisez
point cette salutaire influence ; elle est le
soutien de la couronne : si vous affaiblissez
ce véritable appui, vous nuirez à votre pro-
pre cause, qui est inséparable de celle du
trône légitime et constitutionnel : corrobo-
rez-le en lui donnant les moyens d'action
dont vous voulez qu'il fasse usage. Soyez certains que le gouvernement a sagement com-
biné vos propres forces dans chaque collége ;
c'est à vous à les employer de la ma-
nière la plus avantageuse pour éloigner de
l'élection ces hommes sur lesquels la révolte
s'appuie, et dont les principes lui donnent
de la consistance. Evitez le parti que vous
êtes appelés à terrasser ; lui ne se désunit
pas, et son union consolide son existence ;
sans elle, il serait anéanti. Les moyens qu'il
emploie pour vous désunir montrent que les
hommes de ce parti sont réduits aux abois.
Ne pouvant plus vous tromper sur les intentions des ministres, ne pouvant plus vous
persuader qu'ils ne partagent pas votre
opinion, ils veulent établir dans le gouvernement un système de dissidence ; ils le pla-

cent entre la modération et la force, comme si ces hautes vertus politiques, sagement combinées, ne pouvaient s'allier ensemble. Modération dans les principes et force dans l'exécution sont les mobiles assurés de la puissance des gouvernemens. N'avez-vous pas repoussé avec une juste indignation la qualification d'*ultras* qu'on vous avait donnée? vous avez répondu avec raison : « Nous » ne sommes point *ultras*, nous sommes » *royalistes*. » Vous avez dit : « On nous ju-» gera si nous arrivons au pouvoir. » Il est entre les mains des hommes que vos vœux y appelaient; secondez-les en suivant l'impulsion qu'ils vous donnent. Vos ennemis vous ont accusés de versatilité dans vos vues, prouvez-leur par cette conduite qu'ils en ont imposé.

Si j'ai pris de nouveau la plume pour parler aux électeurs de toutes les opinions composant la deuxième série, ce n'a été que dans l'intention d'être utile à mon Roi et au bonheur réel de ma patrie. Si je parviens à démontrer à quelques électeurs l'aveuglement dans lequel ils sont sur leurs véritables intérêts, j'aurai rempli une partie de la tâche que je me suis imposée; mais elle ne sera entière que si j'ai pu inspirer aux autres ma confiance sans bornes dans le gouvernement.

FIN.

DE L'IMPRIMERIE DE PILLET AÎNÉ, RUE CHRISTINE.